W0291575

GÜTERSLOHER
VERLAGSHAUS

Hans-Ulrich Keßler und Burkhardt Nolte

Im Himmel und auf Erden

Holk 2.0

Konfikurs

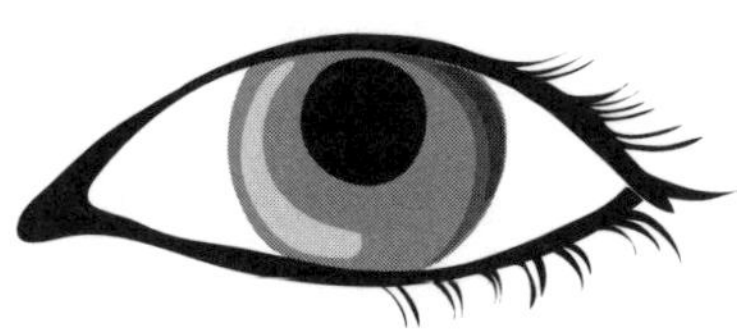

Gütersloher Verlagshaus

HOLK 2.0

Hallo, Konfi!

Na – überrascht? Du fragst dich bestimmt, was das denn sein soll: »Holk 2.0«. Bevor du weiterliest, nimm dir doch mal für einen Moment Zeit und blättere das Buch einmal durch. Sieh dir die Bilder an und die Überschriften. Wenn du damit fertig bist, kannst du weiterlesen.

Bist du jetzt schlauer geworden? Wir hoffen, dass du zumindest neugierig geworden bist. Auf jeden Fall denken wir, dass du immer noch ein bisschen verwirrt bist. Keine Sorge: Was oder vielmehr wer genau dieser Holk ist, wirst du in der nächsten Zeit mit diesem Buch und dem dazugehörigen Film herausfinden.

Womit wir schon mitten drin wären. Dein Buch ist sozusagen ein Buch zum Film. Und weil es schon von 2006 – 2014 ein Film-Projekt gegeben hat, das »Holk-Projekt« hieß, ist dies nun »Holk 2.0«:

- → Ein Film über Holk. Und Holk ist ein Engel, der mit seiner Kamera das Leben von 8 Jugendlichen begleitet und gefilmt hat.
- → Deshalb sind die Überschriften in diesem Buch auch nicht so, wie du vielleicht bei einem Konfibuch erwartet hättest, also »Die 10 Gebote«, »Die Taufe« und so. Die Kapitel tragen die Namen dieser Jugendlichen: Paul, Felix und Clara, Nina, Mara, Toni und Alex, Schmidt
- → Du hast vielleicht schon die Foto-Story gefunden. Sie erzählt in Kurzform, was Holk über diese Personen herausgefunden hat.
- → In Holks Blog schlüpfst du selber in die Rolle des Engels und erzählst Gott, was du herausgefunden hast.
- → Und es gibt noch mehr: Eine Menge Ideen zum Ausprobieren, gute Texte, Briefe an Paul, Nina usw. Wir hoffen, dass du viel Gutes findest. Ganz am Ende findest du unser »Holk-Lexikon«. Im Laufe des Holk-Projekts werden dir einige Begriffe über den Weg laufen, die dir vielleicht unklar sind. Dann kannst du hier nachschlagen. Wir erklären dir das hoffentlich so, dass du es gut verstehst.

Wir wünschen dir, dass du genauso viel Spaß am Holk-Projekt hast wie wir beim Entwerfen.

Ach ja, eins noch:
Achte zusammen mit den anderen Konfis doch darauf, dass ihr als ersten Film den Clip mit dem Titel »Intro« anguckt. Da erfahrt ihr noch mehr über uns und über unsere Arbeit.

Dein Holk-Team

Augen auf ...

HOLK

Holk ist anders. Völlig klar.
Holk ist ja auch ein Engel und damit nicht so ganz von dieser Welt.
Allerdings stellt man sich Engel auch ein bisschen anders vor.
So mit weißen Gewändern und Flügeln. So sieht Holk aber ganz und gar nicht aus.
Eher so wie Jugendliche ebenso aussehen.
Was da wohl dahinter steckt?
Na ja, vielleicht will Holk mit seinem wahren Aussehen die Menschen nicht schockieren.

Engel scheinen so etwas wie Gottes Diener zu sein.
Wie anders soll man verstehen, dass der Name Holk mit »Treue« übersetzt wird?
Wenn man sich so die biblischen Geschichten ansieht, dann kann man auch entdecken, wie sich diese Treue äußert.
Ganz am Anfang der Bibel z.B. sind es Engel, die darauf aufpassen, dass niemand ins Paradies hineinkommen kann. Diese Engel sehen dann auch ein bisschen furchterregend aus.
Ansonsten übernehmen Engel eine ganze Reihe von Botendiensten für Gott.
So erzählt ein Engel den Hirten, die sich mächtig vor dem Engel fürchten, dass Jesus geboren wurde. Dieser Job hätte Holk sicherlich auch gefallen.
Engel müssen auch auf göttlichen Parties Stimmung machen. So kommt ein riesiger Engelschor zum Einsatz, als die Hirten Jesus in der Krippe finden.

Doch ihr wichtigster Job scheint der zu sein, den man in Psalm 91 nachlesen kann.

Augen auf

Lest das doch gemeinsam in eurer KU-Bibel, bevor ihr euch mit Holk auf den Weg macht. Die anderen Geschichten über Engel findet ihr übrigens auch in eurer Bibel.

→ **1. Mose 3**
→ **Jesaja 6**
→ **Lukas 1-2**

Augen auf …

PAUL

Paul muss funktionieren. Schon immer. Egal wo. Sein Vater musste das schließlich auch. Er hat es weit gebracht. Aus ihm ist was geworden. Ein gut bezahlter Job, steile Karriere. Das war nicht leicht, aber mit harter Arbeit und Disziplin ist alles zu schaffen. Und das muss auch das Ziel von Paul sein. Naja …, eigentlich würde Paul es gerne mal etwas langsamer angehen lassen: Ferien genießen, Freunde treffen, Mädchen kennenlernen, Freizeit haben. Aber das gibt bloß schlechte Stimmung zuhause. Lieber noch etwas lernen.

Gib Paul deine Sympathienote (von 1 – 6):

Das finde ich gut an Paul

Das finde ich eher blöd

Paul in drei Sätzen

FOTOSTORY

Paul geht aufs Städtische Gymnasium. Heute gab es die Deutscharbeit zurück. Eine 2+ lässt Paul strahlen.

Die gute Nachricht überbringt er sofort seinem Vater. Der ist wirklich angetan, erinnert aber nochmal an die Mathearbeit am nächsten Tag. Paul verspricht am Nachmittag noch etwas dafür zu tun.

Leider hat all die Lernerei nicht so viel gebracht. In der Mathearbeit hat Paul nur eine 4–. Er ahnt schon, welche Predigt ihm jetzt von seinem Vater droht.

Auch seine Mitschüler wissen, dass Paul seinem Vater die Note sofort beichten muss. Der erfährt sie ja sowieso irgendwann. Das Mitleid ist entsprechend groß.

Pauls Vater kann es nicht fassen. »Eine 4–? Unfassbar. Was für einen Versager hat er eigentlich als Sohn?« Paul kann es einfach nur über sich ergehen lassen.

Geknickt und traurig schleicht Paul anschließend nach Hause. Selbst Holk ist sprachlos.

SPECIAL PAUL

Einige Texte in diesem Buch könnt ihr euch auch anhören. Folgt einfach den abgedruckten QR-Codes. Alle Audiodateien findet ihr auch unter: www.gtvh.de/holk

Die Bibel, Evangelium von Matthäus, Kapitel 20, Verse 1-16

1 Jesus fuhr fort: »Das Himmelreich[A] gleicht einem Grundbesitzer: Er zog früh am Morgen los, um Arbeiter für seinen Weinberg einzustellen.

2 Er einigte sich mit den Arbeitern auf einen Lohn von einem Silberstück für den Tag. Dann schickte er sie in seinen Weinberg.

3 Um die dritte Stunde ging er wieder los. Da sah er noch andere Männer, die ohne Arbeit waren und auf dem Marktplatz herumstanden.

4 Er sagte zu ihnen: ›Ihr könnt auch in meinen Weinberg[B] gehen. Ich werde euch angemessen dafür bezahlen.‹

5 Die Männer gingen hin. Später, um die sechste Stunde, und dann nochmal um die neunte Stunde, machte der Mann noch einmal das Gleiche.

6 Als er um die elfte Stunde noch einmal losging, traf er wieder einige Männer, die dort herumstanden. Er fragte sie: ›Warum steht ihr hier den ganzen Tag untätig herum?‹

7 Sie antworteten ihm: ›Weil uns niemand eingestellt hat!‹ Da sagte er zu ihnen: ›Ihr könnt auch in meinen Weinberg gehen!‹

8 Am Abend sagte der Besitzer des Weinbergs zu seinem Verwalter: ›Ruf die Arbeiter zusammen und zahl ihnen den Lohn aus! Fang bei den Letzten an und hör bei den Ersten auf.‹

9 Also kamen zuerst die Arbeiter, die um die elfte Stunde angefangen hatten. Sie erhielten ein Silberstück.

10 Zuletzt kamen die an die Reihe, die als Erste angefangen hatten. Sie dachten: ›Bestimmt werden wir mehr bekommen!‹ Doch auch sie erhielten jeder ein Silberstück.

11 Als sie ihren Lohn bekommen hatten, schimpften sie über den Grundbesitzer.

12 Sie sagten: ›Die da, die als Letzte gekommen sind, haben nur eine Stunde gearbeitet. Aber du hast sie genauso behandelt wie uns. Dabei haben wir den ganzen Tag in der Hitze geschuftet!‹

13 Da sagte der Grundbesitzer zu einem von ihnen: ›Guter Mann, ich tue dir kein Unrecht. Hast du dich nicht mit mir auf ein Silberstück als Lohn geeinigt?

14 Nimm also das, was dir zusteht, und geh! Ich will dem Letzten hier genauso viel geben wie dir.

15 Kann ich mit dem, was mir gehört, etwa nicht das machen, was ich will? Oder bist du neidisch, weil ich so großzügig bin?

16 So werden die Letzten die Ersten und die Ersten die Letzten sein.‹«

[A] *Mit »Himmelreich« ist der Bereich gemeint, in dem Gott wirkt. Dieser Bereich liegt aber nicht im Himmel, sondern in unserer Welt und unserem Leben.*

[B] *Weinberge waren im Land der Bibel weit verbreitet. Die Reben und der Boden brauchten viel Pflege, so dass es in einem Weinberg oft etwas zu tun gab.*

MACH WAS-AKTION

Was denken eigentlich deine Lehrerinnen und Lehrer von Paul? Hast du Lust, das herauszufinden, und zu hören, wie sie darüber denken, was mit Paul und seinem Vater und der 4– in Mathe los ist?
Dann überleg doch mal, welche Lehrerinnen oder Lehrer du ansprechen könntest. Vielleicht seid ihr ja in eurer Konfigruppe mehrere, die aus einer Klasse kommen. Dann tut euch doch zusammen und fragt nach, ob ihr euch über Paul in eurer Schule mal unterhalten könnt. Vielleicht haben deine Lehrerinnen oder Lehrer ja auch Lust, zu eurem Elternabend zu kommen, den ihr über Paul und das Thema Leistung entwerft.

LIES WAS-Reisebibliothek

O-Töne Schüler/innen Klasse 7-9

Jacqueline (13)
Ich komme in der Woche auf 50 bis 55 Stunden. Montags und Mittwochs hab ich nach der Schule 2 Stunden Nachhilfe in Mathe und Englisch. Und dann noch irgendwie Hausaufgaben. Ich krieg das nur hin, weil ich quasi das ganze Wochenende durchschlafe.

Meritt (14)
Eigentlich machen das meine Eltern ganz gut. Als ich in Französisch `ne 6 geschrieben habe, haben sie mir erstmal Süßigkeiten gekauft. Sie haben gesagt, sie wissen selbst, wie sich das anfühlt, wenn man `ne schlechte Note geschrieben hat.

Damien (14)
Kann mir eigentlich 'mal einer sagen, woher das kommt, dass man gute Noten schreiben muss, um wer zu sein?

Tobi (13)
In der Woche kann ich fast gar nix für die Schule machen. Da hab ich noch Basketball, Klavier, Konfi und Nachhilfe. Also muss alles am Wochenende passieren. Sonntags krieg' ich regelmäßig Ärger von meiner Mutter, weil ich nicht alles geschafft habe. Ich finde, meine Eltern könnten gnädiger mit mir sein.

Elise (14)
Meine Eltern machen eigentlich gar keinen Druck. Die Lehrer schon eher. Da werden die Noten einfach viel zu hoch gehängt, als ob davon das Leben abhängen würde oder so.

PROBIER WAS-EXPERIMENT

1 LEISTE WAS, DANN BISTE WAS!
2 MENSCHEN SIND MEHR ALS DAS, WAS SIE LEISTEN, KÖNNEN UND SOLLEN MÜSSEN.

Wir wollen dir einen Vorschlag machen, wie du diesen Sätzen für dich besser auf die Spur kommen kannst und schlagen dir ein kleines Experiment vor.
Das kannst du für dich allein machen, ihr könnt es aber auch als Konfigruppe gemeinsam machen (müsst ihr mal mit eurer Pfarrerin, eurem Pfarrer und euren Teamern darüber sprechen).

DAS EXPERIMENT GEHT SO: Du brauchst ein großes Blatt Papier, am besten in Größe DIN A3. Schreib' in die Mitte deinen Namen und dann insgesamt mindestens zehn, höchstens 15 Worte, Begriffe, Sätze, die für dich in deiner Welt wichtig sind. Das können Dinge sein wie eine Playstation oder ein Smartphone, das können aber auch Personen sein wie deine Mutter, dein Vater, deine Freunde, das können aber auch abstrakte Dinge sein wie »glücklich sein« oder »anderen helfen«. Überleg' dir, welche Begriffe du für deine Welt auswählen möchtest und schreib' sie dann auf das DIN-A3-Plakat und zwar so: Je wichtiger eine Sache, Person oder abstrakte Vorstellung ist, umso näher notiere sie bitte an deinem Namen, je weniger wichtig umso weiter weg. Wenn du fertig bist, sieh dir dein Ergebnis in Ruhe an und stell dir folgende Fragen:

1 Welcher von den am Anfang zitierten Sätzen entspricht eher deiner Welt und Erfahrung?

2 Was denkst du: Wie ist bei dir das Verhältnis von Leistung und Liebe? Hast Du das Gefühl, etwas leisten zu müssen, um gemocht zu werden, oder wirst du gemocht und anerkannt, ohne etwas dafür tun zu müssen?

Übrigens: Wenn ihr das als Konfigruppe machen wollt, dann macht es nicht mit Papier, sondern indem ihr mit Tesakrepp einen Kreis von 1 Meter Durchmesser für jede Person auf den Boden klebt und darin 10-15 Karten pro Person einordnet. Je wichtiger, desto näher an der Mitte, je weniger wichtig, desto mehr am Rand. Dazu braucht ihr einen Raum, der groß genug ist für die ganze Gruppe. Wenn ihr dann fertig seid, könnt ihr euch, wie in einer Ausstellung, die Welten der anderen in Ruhe ansehen. Ihr könnt euch gegenseitig von euren Welten erzählen und die Fragen, die oben stehen, beantworten.

Lieber Paul,

eigentlich möchten wir dir nur einen einzigen Satz sagen: ***Du bist viel mehr als das, was dir nicht gelingt – und auch viel mehr als das, was dir gelingt.*** *Ein ziemlich einfacher Satz – eigentlich! Aber die Wahrheit dieses Satzes nicht nur zu hören, sondern auch zu fühlen: das ist nicht leicht. Wir jedenfalls arbeiten immer noch daran …*
Warum ist es so schwer, die Wahrheit dieses Satzes zu fühlen? Keine Ahnung! Aber das es so ist, merkst du ziemlich schnell, wenn du folgendes Experiment machst: Stell dir vor, du bist in einer neuen Jugendgruppe oder Schulklasse und die Leiterin der Gruppe fragt dich: »Und – wer bist du?« Was sind die ersten vier Sätze, die dir einfallen?
Wir vermuten, du wirst so etwas sagen wie: »Ich bin Paul. Ich gehe auf die und die Schule. Mathe kann ich nicht so gut, aber Englisch finde ich super. Mein Lieblingshobby ist PS 3 spielen.« Ähnliche Sätze würden die meisten Menschen sagen: Sätze, die davon handeln, was sie können, haben oder tun.
Warum sagt eigentlich niemand auf diese Frage: »Ich habe Glück: Meine Freunde mögen mich nicht trotz meiner Schwächen, sondern mit ihnen?«
Wer bist du Paul? In Gottes Augen bis du auf jeden Fall viel mehr als das, was dir gelingt und nicht gelingt. Und überall, wo du nicht trotz, sondern mit all dem, was du nicht kannst, gemocht wirst, machst du eine Gotteserfahrung.

Bleib behütet,

Hans und Burkhardt

Schreib was

Holks Blog

Lieber Gott,

heute habe ich viel Zeit mit Paul verbracht.
Du kennst ihn ja gut und weißt auch, dass er ...

____

____

____

Ich wünschte,
ich könnte Paul und seinem Vater klar machen, dass ...

____

____

____

• • •

Augen auf ...

CLARA + FELIX

Clara und Felix sind eigentlich ein ganz normales Geschwisterpaar. Da gehören Ärgern und Zickerei selbstverständlich dazu. Sie können nicht mit –, aber auch nicht ohne einander. Clara ist die etwas Ältere und natürlich auch Vernünftigere von den Beiden. Sie hilft ihrer Mutter im Haushalt und auch sonst, wo sie so kann. Felix ist da schon etwas entspannter unterwegs. Bei ihm dreht sich das Leben meistens um Fußball, Freunde und Faulenzen. Und um seine Freundin natürlich – Luisa. Und interessanterweise ist Luisa die beste Freundin von Clara ...

Gib Clara deine Sympathienote (von 1 - 6):

Gib Felix deine Sympathienote (von 1 - 6):

Das finde ich gut an Clara / an Felix

Das finde ich eher blöd

Clara und Felix in drei Sätzen

FOTOSTORY

Clara und ihre beste Freundin Luisa schaffen es einfach nicht mehr, sich zu sehen. Luisa hat im Moment echt viel zu tun. Ihre Oma feiert Geburtstag. Selbst telefonieren geht nur ganz kurz.

Felix macht mal wieder gar nichts. Er sitzt nur rum. Fernsehen, das kann er. Das bringt Clara jedes Mal auf die Palme. Sie ist richtig genervt.

Zum Training geht Felix auch nicht mehr. Später will er aber noch zu seiner Freundin, erzählt er. Dumm nur, das seine Freundin Claras beste Freundin Luisa ist, die ja eigentlich mit ihrer Oma Geburtstag feiert. Aber Clara hatte mit sowas schon gerechnet. Leider …

Das Verhalten ihres Bruders und ihrer besten Freundin macht sie traurig. Eigentlich sind die beiden ja ein schönes Pärchen und auch glücklich miteinander. Nur Clara kann irgendwie nicht glücklich sein.

Luisa merkt, dass sie Clara nicht immer vertrösten kann und sie fühlt sich schlecht, dass sie ihr die Lüge mit dem Geburtstag aufgetischt hat. Felix beichtet, dass er Clara erzählt hat, was er unternimmt. Keine Ahnung, wie das jetzt weitergehen soll.

Aber jetzt wollen sie erstmal die gemeinsame Zeit miteinander genießen.

SPECIAL
CLARA & FELIX

Wie fühlt sich der Himmel an? Wie ist das, wenn einem der Himmel ins Herz gewebt wird?

Wir können über diese Frage nur in Bildern sprechen; Bilder, die versuchen, ein Stück vom Himmel einzufangen.

Deshalb haben wir einen Filmtipp für euch:

Wie im Himmel (2009)

Der Film handelt von einem kleinen Ort in Schweden, einem Chor und einem Stardirigenten, den es nach einer beruflichen und gesundheitlichen Krise in diesen Ort (seinen Heimatort) verschlägt. Dort übernimmt er die Leitung des örtlichen Chores. Dieser Chor verändert das Dorf und die Menschen, die darin wohnen (müsst ihr euch angucken).

Uns geht es vor allem um das Ende des Films (die letzten 9 Minuten). Der Chor nimmt an einem europäischen Wettbewerb teil. Der Auftritt des Chores wird schwierig, weil der Chorleiter nicht da ist.
Ein Mitglied des Chores, ein geistig behinderter junger Mann, beginnt aus lauter Sorge und Unsicherheit einen Ton zu brummen. Was daraufhin passiert, ist für uns ein solches Bild – wie im Himmel.

Aber das müsst ihr euch selbst angucken …

1 Dann sah ich einen neuen Himmel
und eine neue Erde.
Denn der erste Himmel[A] und die erste Erde
sind verschwunden.
Und das Meer ist nicht mehr da.

2 Und ich sah die Heilige Stadt:
das neue Jerusalem.
Sie kam von Gott aus dem Himmel herab –
für die Hochzeit bereit wie eine Braut,
die sich für ihren Mann geschmückt hat.

3 Dann hörte ich eine laute Stimme
vom Thron her rufen:
»Sieh doch:
Gottes Wohnung bei den Menschen!
Er wird bei ihnen wohnen
und sie werden seine Völker sein.
Gott selbst wird als ihr Gott bei ihnen sein.

4 Und er wird jede Träne abwischen von
ihren Augen.
Es wird keinen Tod und keine Trauer mehr geben,
kein Klagegeschrei und keinen Schmerz.
Denn was früher war,
ist vergangen.«

5 Der auf dem Thron saß, sagte:
»Sieh doch:
Ich mache alles neu!«

[A] *Meint den gesamten Luftraum. Im übertragenen Sinn beschreibt »Himmel« den Bereich, in dem Gott wohnt.*

Die Bibel, Buch der Offenbarung des Johannes, Kapitel 20, Vers 1-5.

BE HAPPY-AKTION

Ihr könnt als Gruppe ein Video drehen zum Thema »Was dich glücklich macht«. Wir schlagen euch zwei Varianten vor:

VARIANTE 1: *Ein »Happy-Video«*

Unter diesem www.youtube.com/watch?v=ioA3-wcorpw (»happy« von Pharell Williams) könnt ihr die Vorlage zu dieser Variante angucken. Bittet einfach ganz viele unterschiedliche Leute

- aus eurer Konfigruppe
- aus euren Familien
- aus euren Schulklassen
- aus eurem Ort
- aus eurem Sportverein
- aus eurer Gemeinde
- aus ...

zu einem »happy-Song« (das kann das Original von Pharell Williams sein, da sind aber auch andere Songs denkbar – ihr müsst euch als Gruppe nur einigen!) möglichst spontan zu tanzen oder das Lied einfach mitzusingen (zu hören ist in eurem Video nur der Originalsong, die Personen sind sichtbar, während sie mitsingen oder tanzen oder was auch immer machen). Wir versprechen euch: Das macht euch und alle glücklich, die sich das später ansehen.

VARIANTE 2: *Ein Himmel auf-Video*

2013 hat die Band Silbermond zu ihrem Lied »Himmel auf« ein offizielles Musikvideo veröffentlicht (www.youtube.com/watch?v=cUYRa3LeqlY).
Silbermond haben unterschiedliche Leute gefragt, was sie glücklich macht. Die Antworten haben sie unter ihren Song gemischt. Das Video ist – finden wir – total beeindruckend. Das bekommt ihr auch hin. Wäre doch spannend zu sehen, zu welchen Antworten die Leute kommen, die ihr so befragt. Auch hier könnt ihr natürlich einen anderen Song nehmen ...

LIES WAS-REISEBIBLIOTHEK

Hier einige Antworten aus dem Silbermond-Himmel auf-Video:

Was einen glücklich macht ...

- frei sein
- an der Elbe sein
- einen guten Freund zu haben
- eine Arbeitsstelle und genug Geld
- ganz bestimmt nicht Geld
- Frieden auf der Welt
- wenn ich was mit meinen Eltern machen kann
- Man kann nur glücklich sein, wenn man mal erlebt hat, wie es ist, wenn man unglücklich ist
- wenn meine Tochter noch leben würde
- Gebraucht zu werden
- Mut zum Weiterleben

Und was macht dich glücklich?

Liebe Clara! Lieber Felix! Liebe Luisa!

»Des einen Glück – des anderen Leid!« Kennt ihr das Sprichwort? Zu eurer Situation passt es wie die Faust aufs Auge …

Das Verrückte an eurer Situation ist ja: Keiner und keine von euch hat etwas verkehrt gemacht. Niemand ist schuld an dem Schmerz, den vor allem du, Clara, fühlst. Und wenn wir euch um etwas bitten dürfen, dann darum: Bitte tut nicht so, als ob jemand schuld wäre! Macht einander keine Vorwürfe! Ob ihr das schafft?

Irgendwie ist es ja total normal, einen Schuldigen zu suchen, wenn es einem schlecht geht. Aber das ist in eurem Fall zu einfach. Es gehört zu dieser Welt, dass es manchmal schmerzhafte Erfahrungen gibt, ohne dass jemand schuld ist.

In der Bibel gibt es einen Text, der ein Bild davon malt, dass das eigentlich anders sein müsste. Lest mal nach – ganz hinten im »Neuen Testament« in der sogenannten Offenbarung des Johannes, Kapitel 21, Vers 4. Wir mögen diesen Vers – irgendwie tut er uns gut, auch wenn sich durch das Lesen ja nicht wirklich etwas ändert … oder vielleicht doch?

Wie auch immer: Bleibt behütet!

Hans und Burkhardt

Schreib was

Holks Blog

Lieber Gott,

heute habe ich viel Zeit mit Clara und Felix verbracht.
Du kennst ihn sie gut und weißt auch, dass sie ...

Ich wünschte,
ich könnte Clara, Felix und Luisa klar machen, dass ...

...

Augen auf ... MARA

Mara geht es richtig gut. Fast perfekt. Sie ist beliebt, hat einen netten Freund und geht auch noch gerne zur Schule, gute Noten inklusive. Wenn sie Zeit hat, arbeitet sie sogar als Teamerin mit. Ihrer Mutter hilft sie auch noch bei vielen Sachen. Nachdem ihr Vater abgehauen ist, meistern sie das Leben auch sehr gut ohne ihn. Eigentlich kann Mara glücklich sein, eigentlich ...

Gib Mara deine Sympathienote (von 1 - 6):

Das finde ich gut an Mara

Das finde ich eher blöd

Mara in drei Sätzen

FOTOSTORY

Mara kann richtig gut zuhören. Sie hilft anderen, wo sie kann und hat immer einen Rat oder ein Stück Schokolade zum Trösten parat.

In ihrem Leben läuft es aber nahezu perfekt. Ihr Freund Tim z. B. ist sehr fürsorglich. Manchmal kommt er einfach vorbei und kocht für Mara, ihre Mutter und ihren kleinen Bruder Elias. Sie ist sehr glücklich mit ihm.

Ihre Mutter muss oft arbeiten, dann passt Mara auf ihren Bruder auf. Das macht ihr auch eigentlich nichts aus.

Es sei denn, ihre Clique will gerade ins Freibad oder sonst irgendetwas unternehmen. Dann ist das mit Elias natürlich ein Problem. Aber Mara weiß, dass ihre Mutter ihre Unterstützung braucht. Deshalb sagt sie ihren Freunden immer wieder ab. Auch ihr Freund kommt dabei oft zu kurz.

Deshalb ist Tim froh, wenn die beiden dann doch mal wieder etwas Zeit für einander haben. Das ist selten, aber schön.

Jedoch passiert es in letzter Zeit immer öfter, dass Mara auch ihm absagen muss oder Elias mit dabei ist. Das stößt bei Tim mehr und mehr auf Unverständnis.

SPECIAL MARA

Maras Lieblingslieder
mit dem Motto:
... und wenn du denkst,
es geht nicht mehr ...

1 Coldplay **Fix you**
2 Maxim **Meine Soldaten**
3 Max Herre feat. Philipp Poisel **Wolke 7**
4 Greenday **When september ends**
5 Snow Patrol **Chasing Cars**
6 Robbie Williams **Angels**
7 Rufus Wainwright **Hallelujah**
8 Sportfreunde Stiller **Siehst du das genauso?**
9 The Fray **How to save alive**
10 Die Ärzte **Lied vom Scheitern**

Ahab erzählte Isebel, was Elija getan hatte, auch, wie er alle Propheten und Prophetinnen Baals[1] mit dem Schwert getötet hatte. Da schickte Isebel einen Boten zu Elija und ließ ihm sagen: »Morgen um diese Zeit mache ich deinem Leben ein Ende!« Da bekam Elija Angst. Er machte sich auf und lief um sein Leben hinein in die Wüste. Schließlich setzte er sich total fertig unter einen Ginsterstrauch und wollte nur noch sterben. Er sagte: »Es reicht, Gott, ich habe alles falsch gemacht, und ich kann nicht mehr. Nimm mein Leben zurück!« Dann legte er sich hin und schlief ein. Plötzlich aber berührte ihn ein Engel, der sagte: »Steh' auf und iss!« Und tatsächlich lag neben seinem Kopf auf glühenden Steinen gebackenes Brot und auch ein Krug mit Wasser stand dort. Er aß und trank. Dann legte er sich wieder hin. Da kam der Engel ein zweites Mal: »Steh' auf, iss, denn der Weg, der vor dir liegt ist weit!« Da stand Elija auf, aß und trank und ging mit der Kraft dieser Speise gestärkt 40 Tage und 40 Nächte bis zum Horeb[2], dem Gottesberg. Dort betrat er eine Höhle und übernachtete darin. Da sprach Gott, die Ewige, zu ihm: »Was machst du denn hier, Elija?« Er antwortete: »Ich habe mich wirklich eingesetzt für dich! Aber das Volk Israel hat deinen Bund verlassen, hat den Götzen gedient und deine Propheten umgebracht. Ich allein bin übrig geblieben, nur ich! Und jetzt versuchen sie, mich auch noch zu erwischen!« Da sprach Gott: »Geh' hinaus! Ich werde mich dir zeigen!« Und es kam ein Sturm auf, aber Gott war nicht im Sturm, dann bebte die Erde, aber Gott war nicht im Beben, nach dem Beben quoll Feuer aus dem Berg, aber Gott war auch nicht im Feuer. Nach dem Feuer folgte das Geräusch eines leisen Wehens.
Als Elija das hörte verhüllte er mit seinem Mantel sein Gesicht und trat aus der Höhle vor das Angesicht Gottes.

[1] Nicht alle glaubten an Jahwe als den einen Gott. Es gab viele Religionen wie z.B. die Religion, in der Baal als höchste Gottheit verehrt wurde. Meistens lebten die unterschiedlichen Religionen friedlich miteinander, auch wenn die Israeliten zuerst skeptisch, später ablehnend gegenüber der Baalsreligion waren.

[2] Horeb oder auch Berg Sinai ist so etwas wie eine heilige Stätte im alten Israel gewesen. Viele glaubten, dass Gott auf diesem Berg wohnen würde. Vielleicht kennt ihr die Geschichte von Mose und dem brennenden Dornbusch. Die hat sich auch dort ereignet.

Die Bibel, nach 1. Buch der Könige, Kapitel 19.

MACH WAS-AKTION

Bringt euer Lieblingslied mit unter dem Motto:

… und wenn du denkst, es geht nicht mehr …

Maras Lieblings-Trost-Lieder kennt ihr ja schon. Und wenn sie euch unbekannt sind, hört sie euch doch einfach bei YouTube mal an.

Also, bringt euer Lieblings-Trost-Lied mit in eure Gruppe. Bildet kleine Gruppen mit ca. 3-4 Personen und spielt euch die Lieder vor. Erzählt den anderen, warum gerade dieses Lied euch am besten tröstet.

Wenn ihr mögt, könnt ihr ein Lied dann jeweils in den nächsten Wochen als Schlussritual spielen und erklärt der Gruppe die Gründe, warum dieses Lied für euch so tröstlich ist.

LIES WAS - REISEBIBLIOTHEK

Fußspuren im Sand

Ich hatte einen Traum.
Ich ging am Strand entlang
zusammen mit meinem Gott.
Irgendwie leuchtete dabei
vor meinem inneren Auge mein Leben auf.
Und für jeden Abschnitt meines Lebens konnte ich ein
Paar Fußspuren im Sand entdecken.
Die einen gehörten mir, die anderen Gott.
Als ich mein ganzes Leben gesehen hatte, jede einzelne Station,
blickte ich zurück und stellte fest, dass viele Male
nur ein Paar Spuren im Sand zu sehen war.

Sie gehörten zu den Stationen meines Lebens,
die für mich besonders schwer, besonders traurig und
besonders unglücklich waren.

Das verwirrte mich mächtig
und mit fragendem Blick wandte ich mich an Gott:
»Als ich damals getauft wurde, da hast du zu mir gesagt,
du würdest immer bei mir sein und niemals von meiner
Seite weichen.

Doch in den tiefsten Nöten meines Lebens
kann ich nur ein Paar Spuren im Sand sehen.
Warum hast mich gerade an den Stellen allein gelassen,
als ich dich am dringendsten gebraucht habe?«

Da nahm Gott meine Hand und sagte:
»Weiß du: Ich kenne dich genau. Ich habe dich schließlich
geschaffen. Du bist mein Kind.
Nie habe ich dich allein gelassen,
schon gar nicht in Zeiten,
in denen es dir schlecht ging und du in Schwierigkeiten warst.
Dort, wo du nur ein Paar Spuren im Sand erkennst,
da habe ich dich getragen.«

Liebe Mara,
wie geht's dir heute? Hattest du Zeit für deinen Freund? War dein kleiner Bruder gut drauf und hat es dir leicht gemacht, auf ihn aufzupassen?
Es gibt Dinge im Leben, die kann man sich nicht aussuchen: zum Beispiel Väter und Mütter und auch Geschwister. Die sind sozusagen Schicksal: Und manche haben ein leichteres, andere eine schweres Schicksal. Das ist nicht toll, aber die Wahrheit.
Wir finden: Du hast es nicht leicht. Du trägst mehr Verantwortung als man jemandem in deinem Alter zumuten kann. Bitte versteh uns nicht falsch: Du machst das toll. Aber das ändert nichts daran, dass es einfach zu viel ist. Wir verstehen auch, dass es keine einfachen Lösungen gibt, die das ändern können. Deine Eltern sind nun mal getrennt. Es gibt eben deinen kleinen Bruder. Deine Mutter muss arbeiten. Und niemand auf dieser Welt kann mit dem Finger schnippen und alles ist gut!
Ganz ehrlich: Wahrscheinlich gibt es nur ganz kleine Schritte, die ihr als Familie Schritt für Schritt gehen könnt, um das Leben leichter zu machen. Wir finden: Es lohnt sich, nach diesen Schritten zu suchen. Und diese Suche fängt an mit deinen Gefühlen. Du musst gar nicht wissen, wie es anders gehen könnte. Du kannst einfach deinem Freund, deiner Mutter, vielleicht auch deinem Vater, ehrlich sagen, wie es dir geht. Das ist der erste Schritt. Er wird etwas verändern – und auch diesen Schritt musst du nicht allein gehen. Nimm jemanden mit, wenn du das Gefühl hast, dass das helfen kann. (Auch deine Pastorin oder dein Pastor ist für solche Sachen da!)
Bleib behütet – wir haben heute ein großes Paket Schokolade an dich losgeschickt …
Hans und Burkhardt

Schreib was

Holks Blog

Lieber Gott,

heute habe ich viel Zeit mit Mara verbracht.
Du kennst sie ja gut und weißt auch, dass sie ...

____

____

____

Ich wünschte,
ich könnte Mara klar machen, dass ...

____

____

____

Augen auf ...

TONI + ALEX

Auf den ersten Blick sind Toni und Alex ein ungleiches Pärchen. Am Anfang sind sie ja nicht mal ein Paar. Aber dann hat es irgendwie gefunkt. Ob das gut gehen kann? Der metalhörende Alex und die chartsliebende Toni. Der Footballspieler und die Pferdeliebhaberin. Verrückt. Trotz der großen Unterschiede – oder vielleicht ja sogar wegen ihnen sind die zwei aber über beide Ohren verliebt. Sich zu lieben, das ist total leicht – und schwer zugleich. Toni und Alex können davon ein Lied singen ...

Gib Toni deine Sympathienote (von 1 - 6):

Gib Alex deine Sympathienote (von 1 - 6):

Das finde ich gut an Toni und Alex

Das finde ich eher blöd

Toni und Alex in drei Sätzen

FOTOSTORY

Alex ist ziemlich beschäftigt: Musik hören und ein Referat vorbereiten. Um das Thema Mädchen drückt er sich bei Holk lieber drum herum. »Der muss ja nicht alles wissen.« Naja, immerhin kann Holk heraushören, dass Alex sich mit einer Toni getroffen hat.

Nach ein paar Dates mit Toni kommen die beiden schließlich trotz unterschiedlichen Musikgeschmacks zusammen. Toni steht nämlich auf Charts. Metal kann sie gar nicht leiden: »Das ist doch nur Krach«.

Zum Einmonatigen schenkt Alex seiner Toni ein Mixtape mit ihren Lieblingscharthits. Toni ist super glücklich. Alex ist für sie ein »gutmütiger Bär«.

Alex vernachlässigt immer mehr seine Freunde. Das will er aber nicht. Deshalb verabredet er sich mit ihnen ins Kino. Ohne Toni. Die kann das nicht verstehen. Sie will nicht alleine sein.

Toni kann Alex nicht sagen, dass sie eigentlich gar nicht so stark ist, wie er immer denkt. Alex versucht mit ihr zu sprechen, doch sie blockt immer wieder ab. Alex weiß nicht, was er machen soll. Ist er nicht der Richtige für Toni?

Gegenüber Stumpfi, ihrem Pferd, kann Toni ihr wahres Gesicht zeigen. Sie ist froh, dass sie Alex hat. Aber sie glaubt, wenn sie nicht stark ist, verliert sie Alex. Er soll sich nicht auch noch um sie kümmern müssen. Eine verzwickte Lage.

SPECIAL

TONI & ALEX

Über die Liebe …

… Liebt einander, aber macht die Liebe nicht zur Fessel:
Lasst sie eher ein wogendes Meer zwischen den Ufern eurer Seelen sein.

Füllt einander den Becher, aber trinkt nicht aus einem Becher.
Gebt einander von eurem Brot, aber esst nicht vom selben Laib.
Singt und tanzt zusammen und seid fröhlich, aber lasst jeden von euch allein sein,
So wie die Saiten einer Laute allein sind und doch von derselben Musik erzittern.

Gebt eure Herzen, aber nicht in des anderen Obhut.
Denn nur die Hand des Lebens kann eure Herzen umfassen.
Und steht zusammen, doch nicht zu nah:

Denn die Säulen des Tempels stehen für sich,
Und die Eiche und die Zypresse wachsen nicht im Schatten der anderen.

Khalil Gibran

16 Gott ist Liebe.
Und wer in der Liebe lebt,
lebt in Gottes Gegenwart
und Gott ist in ihm gegenwärtig.

18 Die Liebe kennt keine Furcht,
sondern die vollkommene Liebe vertreibt die Furcht.
Denn Furcht rechnet mit Strafe.
Bei dem,
der sich fürchtet,
ist die Liebe noch nicht an ihr Ziel gelangt.

Die Bibel, 1. Brief von Johannes, Kapitel 4, Verse 16 & 18.

MACH WAS-AKTION

Geht zu Paaren, die in den letzten Jahren silberne oder goldene Hochzeit hatten und fragt sie: Wenn ihr mit so viel Liebeserfahrung sagen müsstet:

Liebe ist, wenn …

Was würdet ihr antworten?

LIES WAS - REISEBIBLIOTHEK

Angst

Du sagst,
du liebst den Regen.
Doch wenn es regnet,
spannst du den Schirm auf.

Du sagst,
du liebst die Sonne.
Aber wenn sie scheint,
suchst du den Schatten.

Du sagst,
du liebst den Wind.
Aber wenn er weht,
schließt du das Fenster.

Verstehst du jetzt meine Angst,
wenn du mir sagst,
dass du mich liebst?!

(Verfasser unbekannt)

1 »There is no »but« in love«.
(Kirsi Maria Virtanen)

2 »Liebe liebt den oder die andere nicht wegen oder trotz seiner, ihrer Schwächen, sondern mit ihnen.«
(Verfasser unbekannt)

Liebe Toni, lieber Alex,

die Liebe ist das Größte, was einem Menschen im Leben passieren kann. Das fand übrigens auch Paulus (kannst du bei ihm nachlesen im ersten Brief an die Korinther im 13. Kapitel).
Was Paulus damals gedacht hat, könnte man heute so nachdichten:

»Würde ich aussehen wie »germanys next top model« oder könnte ich singen wie ein Superstar, wäre ich reich wie Mark Zuckerberg, würde ich so gut Fußball spielen können wie Mario Götze und es gäbe keine Liebe in meinem Leben, wäre mein Leben leer und sinnlos.«

Und genau deshalb ist der Gedanke so schrecklich, die Liebe zu verlieren.

Bedeutet das also, dass du, Toni, nicht ehrlich zu dir, Alex, sein sollte, um ihn nicht zu verlieren? Bedeutet das, dass du, Alex, dich selbst aufgeben solltest und das, was dir Spaß macht (und Toni nicht?), um Toni nicht zu verlieren?

Paulus hat noch weiter gedichtet. In unserer Sprache könnte sich das vielleicht so anhören:
»Die Liebe hat einen langen Atem. Sie sieht die Welt auch mit den Augen des Geliebten.
Die Liebe hält viel aus. Und – sie gibt die Hoffnung nicht auf.«

Ob dieser Gedanke euch helfen kann?
Bleibt behütet

Hans und Burkhardt

Schreib was

Holks Blog

Lieber Gott,

heute habe ich viel Zeit mit Toni und Alex verbracht.
Du kennst sie gut und weißt auch, dass sie ...

___

___

___

Ich wünschte,
ich könnte Toni und Alex klar machen, dass ...

___

___

___

...

Augen auf ...

NINA

Mit Nina ist nicht zu spaßen. Wenn sie sich etwas in den Kopf setzt, dann will sie es auch haben. Die Mittel dafür sind ihr ziemlich egal. In der Klasse gehen die Meinungen zu Nina ziemlich auseinander. Die einen bewundern sie. Die anderen haben eher ein bisschen Angst vor ihr. Nina jedenfalls hat keine Angst, auch nicht davor, ihren Lehrern und Lehrerinnen die Meinung zu sagen, wenn ihr was nicht passt.

Lara ist ihre allerbeste Freundin. Nina findet, dass die Freundschaft zwischen Lara und ihr etwas ganz Besonderes ist. Um diese Freundschaft zu schützen, müssen manchmal ungewöhnliche Maßnahmen ergriffen werden ...

Gib Nina deine Sympathienote (von 1 - 6):

Das finde ich gut an Nina

Das finde ich eher blöd

Nina in drei Sätzen

FOTOSTORY

Ninas Klasse ist auf Klassenfahrt. Heute ist ein Museumsbesuch dran. Aber Nina ist in der Jugendherberge geblieben, angeblich weil es ihr nicht gut geht. Sie hat nämlich einen fiesen Plan und den will sie in die Tat umsetzen.

Marie, die Neue in der Klasse, ist ihr ein Dorn im Auge. Deshalb hat Nina sich nun das Tagebuch von Marie, besorgt und stößt auf interessante Informationen: Marie ist in ihren Geschichtslehrer Herrn Kordes verliebt. Das passt perfekt.

Nina ist der Meinung, dass ihre beste Freundin Lara zu nett zu Marie ist. Das passt Nina gar nicht. Sie glaubt, Marie will ihr Lara ausspannen. In der nächsten Stunde haben sie auch noch Geschichte bei Herrn Kordes ...

Herr Kordes hat Nina gebeten den 2. Weltkrieg in einem Schaubild an der Tafel zu verdeutlichen. Ninas Leistung lässt aber zu Wünschen übrig. Marie kann das natürlich auf jeden Fall besser.

Nina hat endgültig genug von Marie und auch von Herrn Kordes. Sie hat einen Liebesbrief von Marie an Herrn Kordes gefälscht, den sie nun ins Internet lädt. Da schlägt sie zwei Fliegen mit einer Klappe.

Das Unheil nimmt seinen Lauf. Die Schule ist in Aufregung. Niemand weiß, wer den Brief geschrieben hat. Nur Marie weiß ganz genau, wer dafür verantwortlich ist: Nämlich Nina.

SPECIAL NINA

Stell' dir vor …

1. Stell dir vor, du sitzt bei einer Englischarbeit. Du hast dir einen Spicker gemacht, mit dem du gut durch die Arbeit kommst. Deine Englischlehrerin erwischt dich dabei und nimmt dir die Arbeit mit folgenden Worten weg: »Das ist ein Täuschungsversuch. Das ist richtig böse, was du da getan hast. Dafür gibt's 'ne 6 und ein Gespräch mit der Schulleitung und deinen Eltern wegen deiner bösen Tat.«

2. Stell dir vor, du sitzt in der Englischarbeit und möchtest gerne bei deinem Nachbarn abschreiben. Du machst ihn darauf aufmerksam, dass du seine Hilfe brauchst. Er soll dir mal sein Heft so zeigen, dass du daraus abschreiben kannst. Dein Mitschüler reagiert, zeigt auf und sagt zu deiner Englischlehrerin: Der/Die … wollte bei mir abschreiben. Deine Englischlehrerin nimmt dir die Arbeit mit folgenden Worten ab: »Das ist ein Täuschungsversuch. Das ist richtig böse, was du da getan hast. Dafür gibt's 'ne 6 und ein Gespräch mit der Schulleitung und deinen Eltern wegen deiner bösen Tat.«

Frage: Wer hat hier eigentlich böse gehandelt?

Jesus sagt:
Genau so,
wie ihr behandelt werden wollt,
behandelt auch die anderen!

Die Bibel, Evangelium von Matthäus, Kapitel 7, Vers 12

MACH WAS-AKTION

»YouTube« hat seit einigen Jahren einen eigenen Filmwettbewerb: 361° Respekt Vielleicht hast du Lust, mit einigen anderen Konfis oder deinen Freunden – ihr könnt es aber auch als Aktion in eurer ganzen Konfigruppe machen und dann einen eigenen kleinen Wettbewerb organisieren - einen Wettbewerbsbeitrag zu entwerfen zum Thema:

»Wie du willst, dass andere dir tun ...«

Du findest alle wichtigen Infos zum Wettbewerb bei YouTube.

Viel Spaß dabei.

LIES WAS-REISEBIBLIOTHEK

Jesus hat sich von seinen Jüngerinnen und Jüngern als Rabbi, als Meister, anreden lassen.
Und natürlich wollten sie sich davon überzeugen, dass sie in den Augen von Jesus, ihrem Rabbi, ihrem Meister auch gut wegkommen. Und deshalb haben sie ein Spiel angefangen, dass du sicher auch kennst und schon gespielt hast. Nina kennt es auch. Sie hat es mit ihren Mitteln gespielt.

Das Spiel heißt: Wer ist der Beste, die Beliebteste, wer ist meine engste Freundin, wer ist am Besten im Fußball? Du kannst das Spiel sicher noch mit 100 anderen Beispielen füllen.
Bei diesem Spiel geht es darum, die Schwachstelle des anderen zu finden, sich mit ihm zu vergleichen und zu gucken, wo er oder sie im Vergleich zu mir schlechter abschneidet.
Die Jünger von Jesus wollten wissen, wer unter ihnen denn bei Jesus der Größte sei, der Beliebteste, der Wichtigste, der den Jesus am meisten mochte. Ohne groß nachzudenken gehen einige zu ihm und stellen ihm diese Frage und natürlich wollen sie hören, dass sie selbst es sind – dann hätte das Spiel richtig Fahrt aufnehmen können.

Wenn wir von »Spiel« reden, dann nicht etwa deshalb, weil dieses Verhalten lustig wäre, sondern weil es wie ein Spiel nach festen Regeln verläuft. Diese Regeln lauten:

- In der Begegnung mit einem anderen Menschen beginne ich, mich mit ihm zu vergleichen.
- Ich suche den Punkt, an dem ich besser abschneide als er.
- Auf diesen Schwachpunkt meines Gegenüber lege ich meinen Finger und fühle mich selbst dadurch stark.

Auf eine Formel gebracht: Ich bin in Ordnung, weil ich beim anderen etwas gefunden habe, was nicht in Ordnung ist.

Die Antwort, die Jesus gibt, lässt vermuten, dass er verstanden hat, worauf seine Jünger es abgesehen hatten. Denn er antwortet: Wer unter euch der erste sein will, der sei euer Diener.
Oder anders gesagt: Hört auf, das Spiel zu spielen. Es macht euch nur kaputt.

Das könnt ihr nachlesen bei Markus 10, 35-45

Liebe Nina,

was du tust, geht wirklich nicht! Das ist ein absolutes No Go! Du weißt, dass dein Handeln anderen schadet, sie verletzt, ihnen weh tut – und alles, was dir dazu einfällt, ist: Ist doch egal.
Was uns so aufregt an deinem Verhalten ist: Du machst das eiskalt, geplant. Du weißt genau, was du den anderen antust. Es ist dein Ziel, andere zu verletzen. Das ist völlig inakzeptabel.
Für Gefühle kann sich kein Mensch entscheiden, du auch nicht: Deine Gefühle sind einfach da – die angenehmen und schönen genauso wie die unangenehmen und zerstörerischen. Das ist so, kannst du nicht ändern. Manchmal haben diese Gefühle so viel Kraft, dass sie unser Hirn ausschalten – und dann tun wir Dinge, die entweder sehr viel Glück oder sehr viel Unglück bewirken. Aber so ist das nicht bei dir. Dein Hirn ist nicht ausgeschaltet: Du berechnest, planst, entscheidest.
Alle großen Religionen der Welt kennen die sogenannte »goldene Regel«: »Was du willst, das man dir tu, das füg auch allen anderen zu – und was du nicht willst, das man dir tu, das füg auch keinem anderen zu.«
Liebe Nina, denk doch mal nach: Du bist darauf angewiesen, dass andere dir gegenüber diese Regel beachten. Dein Leben würde auseinanderfallen, wenn andere das nicht für dich tun würden. Ist dir das auch egal? Das können wir nicht glauben … Du kannst anders handeln! Versuch's!

Bleib behütet!

Burkhardt und Hans

Schreib was

Holks Blog

Lieber Gott,

heute habe ich viel Zeit mit Nina verbracht.
Du kennst sie ja gut und weißt auch, dass sie ...

____

____

____

Ich wünschte,
ich könnte Nina klar machen, dass ...

____

____

____

...

Augen auf ... SCHMIDT

Das ist Niklas. Unter dem Namen kennt ihn aber kaum einer. Eigentlich nennen ihn alle nur bei seinem Nachnamen: Schmidt. »Ey Schmidt, mach mal das!« »Komm mal hier hin, Schmidt!« Aber das ist kein Problem für Schmidt, ähm … Niklas. Nur seine Eltern nennen ihn mit Vornamen. Jetzt will Schmidt den Führerschein machen und braucht dafür natürlich Geld. Also muss er in den Ferien arbeiten gehen. In der örtlichen Bäckerei hat er was gefunden ...

Gib Schmidt deine Sympathienote (von 1 - 6):

Das finde ich gut an Schmidt

Das finde ich eher blöd

Schmidt in drei Sätzen

FOTOSTORY

Schmidt jobbt in den Ferien in einer kleinen Bäckerei, um sich seinen Führerschein zu finanzieren.

Mit seinem Chef hat er aber nicht das beste Verhältnis. Schmidt muss sich einiges anhören. Die Käsestangen sind ihm in der Backstube nicht gelungen.

Blöd, dass Nina gerne zwei Käsestangen kaufen würde. Der Chef gibt zu verstehen, dass Schmidt die Käsestangen vermurkst hat.

Zur Bestätigung lässt er Schmidt nochmal an der Theke antanzen und zeigt vor den beiden Kundinnen Mara und Nina, wer hier der Chef ist.

Nina ist egal, wie Schmidt von seinem Chef behandelt wird. Sie hat schließlich doch noch ihre Käsestangen bekommen. Mara wird allerdings in diesem Laden nicht mehr einkaufen. Das kann sie nicht verantworten.

EXIT

Nun stellt Holk Euch vor die Wahl. Seid Ihr Ninas Meinung oder steht ihr auf der Seite von Mara?

Special Schmidt

Wir alle kaufen im Globalisierungsladen ein … behauptet Holk.
Um das noch ein wenig besser zu verstehen, empfehlen wir euch, folgenden Film bei YouTube anzugucken:
https://www.youtube.com/watch?v=pgCD-4Q-4Wo

Wenn ihr Lust habt, guckt ihn in eurer Konfigruppe und kommt darüber ins Gespräch.

Mehr Infos findet ihr auch auf der Seite *www.Agrarprofit.de*

25 Sieh doch: Da kam ein Schriftgelehrter[1] und wollte Jesus auf die Probe stellen.
Er fragte ihn: »Lehrer, was soll ich tun, damit ich das ewige Leben bekomme?«
26 Jesus fragte zurück: »Was steht im Gesetz? Was liest du da?«
27 Der Schriftgelehrte antwortete: »Du sollst den Herrn, deinen Gott, lieben mit
deinem ganzen Herzen, mit deiner ganzen Seele, mit deiner ganzen Kraft und
mit deinem ganzen Willen. Und: Liebe deinen Mitmenschen wie dich selbst.«
28 Jesus sagte zu ihm: »Du hast richtig geantwortet. Halte dich daran und du wirst
leben.«
29 Aber der Schriftgelehrte wollte seine Frage rechtfertigen. Deshalb sagte er zu
Jesus: »Wer ist denn mein Mitmensch?«
30 Jesus erwiderte: »Ein Mann ging von Jerusalem nach Jericho[2] hinab. Unter-
wegs wurde er von Räubern überfallen. Die nahmen ihm alles weg, auch seine
Kleider, und schlugen ihn zusammen. Dann machten sie sich davon und ließen
ihn halb tot liegen.
31 Nun kam zufällig ein Priester[3] denselben Weg herab. Er sah den Verwundeten
und ging vorbei.
32 Genauso machte es ein Levit, als er zu der Stelle kam: Er sah den Verwundeten
und ging vorbei.
33 Aber dann kam ein Reisender aus Samarien[4] dorthin. Als er den Verwundeten
sah, hatte er Mitleid mit ihm.
34 Er ging zu ihm hin, behandelte seine Wunden mit Öl und Wein und verband sie.
Dann setzte er ihn auf sein eigenes Reittier, brachte ihn in ein Gasthaus und
pflegte ihn.
35 Am nächsten Tag holte er zwei Silberstücke hervor, gab sie dem Wirt und sagte:
›Pflege den Verwundeten! Wenn es mehr kostet, werde ich es dir geben, wenn
ich wiederkomme.‹
36 Was meinst du: Wer von den dreien ist dem Mann, der von den Räubern über-
fallen wurde, als Mitmensch begegnet?«
37 Der Schriftgelehrte antwortete: »Der Mitleid hatte und sich um ihn gekümmert
hat.« Da sagte Jesus zu ihm: »Dann geh und mach es ebenso.«

Die Bibel, Evangelium von Lukas, Kapitel 10, Verse 25 bis 38.

[1] Schriftgelehrte waren Leute, die sich ziemlich gut in der Thora (unser Altes Testament) auskannten und daher gut Bescheid darüber wussten, was Menschen tun sollen und was nicht.

[2] Der Weg von Jericho nach Jerusalem war gefährlich und ist ca. 25 km lang.

[3] Priester und Leviten sind Angestellte des Tempels in Jerusalem, quasi religiöse Beamte.

[4] Samarien ist ein Teil von Israel, der im Norden des Landes liegt. Die Leute aus Samarien wurden von den anderen manchmal etwas komisch angeguckt, weil die eine etwas andere religiöse Ausrichtung hatten. Sie waren aber auch Juden.

MACH WAS-AKTION

Was machst du in den nächsten 14 Tagen?

Wir haben einen Vorschlag: Überleg doch mal, was du in den nächsten 14 Tagen tun kannst, um nicht im »Globalisierungsladen« einzukaufen (eine Sache reicht – und ohne schlechtes Gewissen)

Hier ein paar Vorschläge. Wie wäre es ...

... deine Familie davon zu überzeigen, nur zweimal in der Woche Fleisch zu essen (auch Wurst usw. ist Fleisch!)

... in den nächsten H+M-Shop gehen oder zu KiK oder zu ... und die Verkäufer und Verkäuferinnen zu fragen, ob sie dir etwas über die Produktionsbedingungen der Kleidung, die sie im Laden verkaufen, erzählen. Mal gucken, was passiert. Könnt ihr auch zu zweit oder in einer größeren Gruppe machen. Wenn ihr dann noch Lust habt, macht folgendes: Tippt bei YouTube eine Klamottenmarke eurer Wahl ein und das Stichwort »Produktionsbedingungen«. Vergleicht dann die Informationen der Videoclips mit denen, die ihr im Laden bekommen habt. Wir sind gespannt, was ihr herausfinden könnt ...

Infos zu weiteren spannenden Aktionen findet ihr auch auf: *www.fairtrade-schools.de*

LIES WAS-REISEBIBLIOTHEK

Globalisierung? Was bedeutet das eigentlich?

Der Begriff Globalisierung ist abgeleitet vom Adjektiv »global«. Das bedeutet »die Welt umspannend«. Mit Globalisierung meint man, dass die Wirtschaft, die Politik, die Kultur der Staaten immer mehr miteinander verflochten sind. Viele Dinge wie Mode, Musik, oder auch Fastfood-Ketten z.B. sind inzwischen auf der ganzen Welt verbreitet.

Die Globalisierung begann erst vor wenigen Jahrzehnten. Damals war durch Internet und E-Mails und durch verbesserte Transportmöglichkeiten der Kontakt auch zwischen weitentfernt liegenden Ländern viel einfacher geworden. Aber auch politisch hatte sich einiges getan. So hatten die Politiker der größten Länder beschlossen, den Handel zu »liberalisieren«, also freier zu gestalten. Das bedeutet: Jede Firma sollte dort produzieren und verkaufen können, wo sie wollte. Es sollte weniger Beschränkungen geben für die Einfuhr und Ausfuhr von Waren und – was besonders wichtig ist – es sollte keine Beschränkungen mehr geben bei der Vergabe von Krediten.

Seitdem ist es üblich geworden, dass große Firmen ihre Fabriken in Länder verlagern, in denen die Arbeiter wenig verdienen und die Unternehmen wenig Steuern zahlen müssen. Für die meist armen Länder, in denen die Fabriken gebaut werden, ist das gut. Sie bekommen Arbeitsplätze oder die Möglichkeit, die Produkte ihres Landes (z.B. Bananen oder Kaffee) überall hin zu verkaufen.

Die Menschen in den Ländern, in denen die Waren schließlich verkauft werden, können sich ebenfalls freuen. Sie bekommen Kleidung, Computer oder andere Produkte viel billiger, als wenn sie zum Beispiel in Europa hergestellt würden.

Besonders kritisieren viele Menschen, dass die Globalisierung ungerecht und unfair ist. Denn in den Ländern, in denen Unternehmen heute billig produzieren können, sind die Arbeitsbedingungen für die Arbeiter viel schlechter als bei uns. Oft werden auch Kinder in der Produktion eingesetzt, obwohl es eigentlich besser wäre, wenn sie zur Schule gehen könnten. Zum Beispiel beim Anbau von Kakao oder bei der Herstellung von Fußbällen ist das so. Letzten Endes profitierten also die Unternehmen und die Käufer der Waren von der Ausbeutung anderer, ärmerer Menschen. Eine gerechte Welt lässt sich so nicht aufbauen.

Schreib was

Holks Blog

Lieber Gott,

heute habe ich viel Zeit mit Niklas (Schmidt), Nina und Mara verbracht. Du kennst sie ja gut und weißt auch, dass sie ...

___

___

___

Ich wünschte,
ich könnte Schmidt`s Chef klar machen, dass ...

___

___

___

Holks Lexikon

ABENDMAHL
Eine Handlung im christlichen Gottesdienst, bei der Christen und Christinnen Brot und Wein miteinander teilen. Diese Handlung erinnert Christen daran, wie Jesus mit allen möglichen und unmöglichen Menschen zusammen gesessen hat. Mit Jesus zu essen, scheint eine besondere Erfahrung gewesen zu sein: Viele Menschen haben das so erlebt, als ob sie bei Gott selbst am Tisch sitzen.
Bevor Jesus hingerichtet wurde, hat er seinen → Jüngern und Jüngerinnen gesagt: »Ihr sollt auch weiterhin zusammen essen. Wenn ihr das tut, werdet ihr merken: Ich bin euch so nah wie das Brot, das ihr esst, und der Wein, den ihr trinkt.«

ALTAR
Bezeichnung für den Tisch, der in allen christlichen Kirchen irgendwo vorn steht – meistens liegen eine Bibel und ein Kreuz darauf. In anderen Religionen gibt es auch einen Altar. Dort wird er teilweise zum Opfern von Tieren benutzt. Im Christentum ist das nicht so. Fragt euren Pfarrer oder eure Pfarrerin, warum nicht.

ALTES TESTAMENT
So bezeichnen Christen das heilige Buch der Juden. Es erzählt die Liebesgeschichte Gottes mit dem Volk Israel. Christen glauben, dass Jesus alle Menschen in diese Liebesgeschichte Gottes hineingezogen hat. Deshalb lesen auch Christen im Alten Testament.

AMEN
Ein hebräisches Wort. Hebräisch ist die Sprache, in der die meisten Teile des Alten Testaments geschrieben worden sind. Das Wort »Amen« bedeutet: »So soll es sein!«

APOSTOLISCHE GLAUBENSBEKENNTNIS
Eine ganz kurze Zusammenfassung des christlichen Glaubens. Vorläufer des apostolischen Glaubensbekenntnisses gibt es schon seit ungefähr 1900 Jahren. Müsst ihr alles glauben, was im Glaubensbekenntnis steht? Fragt euren Pfarrer oder eure Pfarrerin mal danach …

CHRISTUS
Ein griechisches Wort für ein hebräisches Wort – nämlich für das Wort → »Messias«.

CREDO
Ein lateinisches Wort. Es bedeutet »Ich glaube«. Die lateinische Fassung des → apostolischen Glaubensbekenntnisses fängt mit diesem Wort an.

ENGEL
In der Bibel gibt es eine ganze Menge unterschiedlicher Vorstellungen davon, was ein Engel ist. Meistens ist ein Engel jemand, der Menschen genau das sagt, was Gott selbst ihnen zu sagen hat. Oft sind die ersten Worte eines Engels in der Bibel: »Fürchte dich nicht!«

EVANGELIUM
Ursprünglich ein griechisches Wort. Es bedeutet »Gute Nachricht«. Im → Neuen Testament ist »Evangelium« so etwas wie eine Überschrift für alles, was mit Jesus zu tun hat. Außerdem ist das Wort zu einem Namen für die Bücher geworden, die vom Leben Jesu erzählen. Im Neuen

Testament gibt es davon vier. Sie tragen die Namen ihrer angeblichen Verfasser: Matthäus, Markus, Lukas und ... Schaut doch mal nach!

HALLELUJA
Ein hebräisches Wort. Es bedeutet »Lobt → JHWH«.

HEILIGER GEIST
Hat nichts zu tun mit Gespenstern oder Zombies. Mit diesem Wort erklären sich Christen die Art und Weise, wie Gott in der Welt wirkt. Man könnte auch von Gottes Kraft oder Gottes Energie reden.

JHWH
Mit diesen vier Buchstaben bezeichnet das → Alte Testament Gott. Für Juden ist dieser Name Gottes so heilig wie Gott selbst. Sie sagen ihn deshalb niemals laut. Was er bedeutet, könnt ihr hier nachschlagen: 2. Buch Mose (= Exodus), Kapitel 3, Vers 14. Das ist im Alten Testament, ziemlich weit vorne.

JÜNGER/JÜNGERIN
Ein altmodisches deutsches Wort für die engsten Vertrauten von Jesus. Unter ihnen gab es Männer und Frauen. Mit 12 Jüngern scheint Jesus ständig durch seine Heimat gezogen zu sein.

KANZEL
So heißt der Ort, von dem aus die Predigt im Gottesdienst gehalten wird. Oft ist die Kanzel etwas erhöht, damit man den Prediger oder die Predigerin gut sehen und hören kann.

KIRCHE
Erste Bedeutung: das Gebäude, in dem Christen und Christinnen Gottesdienst feiern. Es gibt eine ganze Menge von uralten Regeln, nach denen diese Gebäude gebaut werden. Fragt euren Pfarrer oder eure Pfarrerin mal danach.
Zweite Bedeutung: die Organisation, die dafür sorgt, dass Menschen ihren christlichen Glauben leben können.
Dritte Bedeutung: die Gemeinschaft aller Menschen, die glauben: Gott ist genauso wie Jesus, weil Jesus ganz und gar zu Gott gehört.

KREUZIGUNG
Hinrichtungsmethode im römischen Reich – so wie heute der elektrische Stuhl oder der Galgen. Für schwere Verbrechen wurde als Strafe die Kreuzigung verhängt.

LITURGIE
Christliche Gottesdienste haben einen festen Ablauf. Dieser Ablauf wird »Liturgie« genannt.

MESSIAS
Ein hebräisches Wort. Auf Griechisch übersetzt heißt es »Christus«. Es bedeutet »Gesalbter«. Im → Alten Testament bezeichnet das Wort »Messias« denjenigen, der dafür sorgt, dass Gottes Versprechen an sein Volk in Erfüllung gehen. Christen glauben, dass Jesus genau dafür gesorgt hat. Deshalb geben sie ihm den Beinamen »Christus«.

NEUES TESTAMENT
Eine Sammlung von 27 Schriften, die nach dem Tod und der Begegnung mit dem auferstandenen Jesus (→ Ostern) zusammengestellt worden sind. In dieser Sammlung gibt es → vier Evangelien, eine Geschichte der ersten Christen, jede Menge Briefe (z.B. von → Paulus) und eine Zusammenstellung von Visionen (das Buch heißt: Offenbarung des Johannes; ganz am Ende des Neuen Testaments). Zusammen mit dem Alten (Ersten) Testament bildet das Neue Testament die Bibel der Christen. Die Erfahrungen mit Gott, von denen die Bibel erzählt, helfen Christen genau zu beschreiben, wie Gott zu uns Menschen ist.

OSTERN
Seit fast 2000 Jahren erzählen sich Christen am Osterfest die Geschichten davon, was die → Jüngerinnen und Jünger Jesu nach seiner Kreuzigung erlebt haben: »Jesus ist nicht tot! Obwohl er am Kreuz gestorben ist, ist Jesus eine lebendige Kraft in unserem Leben.«

Im Erzählen dieser Geschichten feiern Christen und Christinnen, dass Gott stärker ist als der Tod.

PESSAHFEST
Ein jüdisches Fest. An diesem Fest erzählen sich Juden die Geschichte von der Befreiung der Israeliten aus der Sklaverei in Ägypten. Könnt ihr in der Bibel nachlesen (→ Altes Testament, 2. Buch Mose, Kap. 1-12).

PASSION
Ein lateinisches Wort für »Leiden«. Es wird als Überschrift für die Geschichte von der Gefangennahme, Verurteilung, Folterung und Hinrichtung Jesus benutzt.

PFINGSTFEST
Am Pfingstfest erinnern sich Christen und Christinnen daran, dass Gott durch seinen → Heiligen Geist in dieser Welt wirkt. Sie erinnern sich daran, indem sie sich eine Geschichte erzählen, die dieses Wirken Gottes beschreibt. Ihr findet sie im zweiten Kapitel der Apostelgeschichte im Neuen Testament (direkt hinter dem Evangelium von Johannes).

PROPHET/PROPHETIN
So nennt das → Alte Testament einen Mann oder eine Frau, die sagen können, was Gott in Zukunft tun wird.

SAMARITER
Eine mit den Juden verwandte Volksgruppe, die nördlich von der Heimat Jesu lebte. Das Verhältnis zwischen Juden und Samaritern war aus religiösen Gründen angespannt. Wenn möglich, machte man einen Bogen umeinander.

TALAR
Name für die Berufskleidung eines Pfarrers oder einer Pfarrerin. Fragt doch mal bei eurem Pfarrer oder eurer Pfarrerin nach, ob ihr deren Talar mal anprobieren dürft.

TAUFE
Eine Handlung in einem christlichen Gottesdienst, bei dem einem Menschen Wasser über den Kopf gegossen und dabei Gott angerufen wird. Mit dieser Handlung wird ein Mensch in die Gemeinschaft aller Christen mit Gott aufgenommen.

TRINITÄT
Christen und Christinnen glauben an einen einzigen Gott. Von diesem einen Gott sagen sie: Er ist Vater, Sohn und Heiliger Geist. Damit bringen sie zum Ausdruck: Gott ist unser Schöpfer (= Vater).
Er hat diese Welt und uns Menschen gewollt. Wir sind kein Zufall der Natur. Gott ist unser Erlöser (= Sohn). Unser Leben läuft nicht einfach in die endlose Dunkelheit unseres Todes. Gott ist stärker als der Tod und erlöst uns von dessen Macht. Gott ist eine wirksame Kraft in dieser Welt (= Geist). Er ist nicht irgendwo in einem weit entfernten Jenseits und guckt unbeteiligt zu, was hier so passiert. Gott ist vielmehr hier und jetzt bei uns.

Feedbackbogen

Du bist jetzt am Ende deiner Konfirmandenzeit angekommen. Zeit, um zurückzuschauen und zu überlegen, ob die Konfizeit gehalten hat, was du dir versprochen hast.

Mit dieser Seite hast du die Möglichkeit, denen eine Rückmeldung zu geben, die für deine Konfizeit verantwortlich waren. Deine Meinung wird ihnen helfen herauszufinden, was gut war und was nicht. Nimm dir Zeit beim Ausfüllen.
Versuche so ehrlich und offen zu sein wie möglich.

Am besten gefallen hat mir in der Konfizeit:

Am wenigsten gefallen hat mir:

Ich würde gerne als Teamer oder Teamerin mitarbeiten. Deshalb schreibe ich euch meinen Namen auf:

- ○ Die Konfizeit war eigentlich okay.
- ○ Holk 2.0 fand ich gut.
- ○ Die Freizeit war super.
- ○ Es hat mir gut getan, über Gott nachzudenken.
- ○ Die Leitung hat ihre Sache gut gemacht.
- ○ Mir wurde Respekt entgegengebracht.
- ○ Mit den anderen Konfis habe ich mich gut verstanden.

Bibliografische Information der Deutschen Nationalbibliothek
Die Deutsche Nationalbibliothek verzeichnet diese Publikation in der Deutschen Nationalbibliografie; detaillierte bibliografische Daten sind im Internet über https://portal.dnb.de abrufbar.

FSC
www.fsc.org
MIX
Papier aus verantwortungsvollen Quellen
FSC® C005833

Verlagsgruppe Random House FSC® N001967.
Das für dieses Buch verwendete FSC®-zertifizierte Papier *Munken Premium Cream* liefert Arctic Paper Munkedals AB, Schweden.

Quellen:
Die Bibelzitate auf den Seiten 13, 23, 43, 54 und 63 sind entnommen aus: BasisBibel. Das Neue Testament und die Psalmen, © 2012 Deutsche Bibelgesellschaft, Stuttgart. www.basisbibel.de

1. Auflage

Covermotiv: Grafiken aus © azzzya, vectorstock.com
Bilder: Seite 32: © gollli, vectorstock.com, Seite 34: © pimonova, vectorstock.com, Seite 44: © Kudryashka – Fotolia.com
Grafische Gestaltung: Thordis-Sophie Günter
Druck und Einband: Těšínská tiskárna, a.s., Český Těšín
Printed in Czech Republic
ISBN 978-3-579-07413-9

www.gtvh.de